RELATION

EXACTE

DE LA FÊTE

DONNÉE

PAR

MONSEIGNEUR LE DUC D'ORLÉANS,

A LL. MM. SICILIENNES;

AVEC DES DÉTAILS CIRCONSTANCIÉS ET DES RÉVÉLATIONS IMPORTANTES SUR
LES TROUBLES ET ÉVÉNEMENS QUI Y SONT SURVENUS.

La voûte étincelait du vif éclat des feux,
Et le festin commence aux accords de la lire,
Les maux sont oubliés au sein d'un long délire,
Le palais retentit de chants harmonieux,
Et la joie embellit les fugitives heures.
   Poëme de Smarra.

Prix : 50 c.

Paris,

CHEZ LES LIBRAIRES DU PALAIS-ROYAL,
ET LES MARCHANDS DE NOUVEAUTÉS.

1830.

LE PARAVOLEUR, ou l'Art de se tenir en garde contre les ruses des Filous; 1 vol. in-18, avec gravure. Paris, chez *Roy-Terry*, éditeur, Palais-Royal, galerie Valois, n° 185.   Prix : 1 fr. 50 c.

RELATION EXACTE

DE

LA FÊTE

Donnée au Palais-Royal,

PAR

MONSEIGNEUR LE DUC D'ORLÉANS,

A LL. MM. SICILIENNES.

———

Depuis huit jours on remarquait un mouvement extraordinaire au Palais-Royal, dans la partie occupée par monseigneur le duc d'Orléans, ainsi que dans les jardins; les gens du prince, courant çà et là, se croisaient en tous sens dans la cour d'honneur et sur la galerie vitrée qui, déjà si brillante par elle-même, recevait encore des embellissemens qui semblaient tenir du prodige. De toutes parts retentissait le marteau laborieux des ouvriers appelés à coopérer au grand œuvre de magie qui semblait se préparer.

Les journaux ne tardèrent pas à mettre le public parisien dans la confidence des préparatifs qui faisaient le sujet de toutes les conversations. On apprit que S. A. R. Monseigneur le duc d'Orléans, que l'on peut regarder, à juste titre, comme le prince le plus populaire de notre époque, se proposait de célébrer la présence, dans nos murs, de deux illustres voyageurs; bref, qu'une fête des plus brillantes se préparait en l'honneur de LL. MM. le roi et la reine des Deux-Siciles, et que l'époque en était fixée au lundi 31 mai. Aux préparatifs, les Parisiens jugèrent que cette fête surpasserait en magnificence tout ce qu'on avait vu de fêtes jusqu'à ce jour, même celles qu'on a l'habitude de nommer fêtes royales, et nous devons dire ici, à la louange de l'auguste amphytrion du palais des Beaux-Arts, que l'attente générale ne fut pas trompée : jamais spectacle plus grandiose n'était venu charmer les yeux du peuple.

Dès le matin du 31 mai, la foule affluait dans les cours et sous les portiques du Palais-Royal; elle regardait les apprêts de la fête, elle en contrôlait les dispositions, elle en estimait la dépense. — Le prince n'en sera pas quitte pour cent mille écus, disait l'un. — Que dites-vous donc! cent mille écus! il sera bien heureux si ça ne passe pas six cent mille francs, disait un autre. — Monsieur a raison, ajoutait un troisième; il ne faut pas calculer sur ce que nous voyons : ce n'est que de la crême fouettée, en comparaison de ce que nous ne pouvons voir. — C'est vrai, c'est vrai, reprenait le premier interlocuteur, ça coûtera bien six cent mille francs, et peut-être plus. Sacristie! si j'en avais seulement la moitié dans ma poche! — Pas tant d'ambition, voisin, pas tant d'ambition! — Ma foi, quand on fait tant que de souhaiter, je ne vois pas pourquoi on serait obligé de se borner. — Diable, il paraît que monsieur n'est pas gourmand, mais qu'il aime les gros morceaux. — Qu'est-ce que vous souhaiteriez donc, vous? — Moi?..... Je penserais un peu plus à mon prochain, j'en souhaiterais autant dans sa poche que dans la mienne, et je suis sûr que si mes vœux étaient exaucés, plus de trois cents mille malheureux, qui gémissent dans des galetas, et n'osent pas demander, auraient de quoi attendre une meilleure fortune pendant plus d'un an. — Si le prince remplissait vos désirs, la fête n'aurait pas lieu. — Eh! bien, je ne demanderais que la moitié de ce que coûtera la fête, et, avec l'autre moitié, il y aurait de quoi régaler grandement LL. RR. MM. — Comment feriez-vous donc? — Je commencerais par supprimer tous ces lampions, tous ces verres de couleur, qui empesteront l'atmosphère, et qui absorberont l'odeur de ces belles fleurs, dont le parfum embaume la terrasse. — C'est encore vrai, voisin, c'est encore vrai; mais puisque nous sommes destinés à n'y voir que du feu, il faut bien nous en contenter.

Et ces conversations et ces critiques se prolongèrent jusqu'au crépuscule, et elles ne finirent qu'au moment où la foule vit une multitude d'hommes courir çà et là, et qui, se multipliant en quelque sorte, firent succéder comme par enchantement la lumière à la nuit.

Ce fut alors qu'un spectacle vraiment merveillieux s'offrit aux regards, et les illuminations disposées avec beaucoup d'art et d'élégance, pouvaient faire croire à la renaissance des beaux jours de la féerie. De longs festons en verres de couleur, soutenus par des candélabres et des pots à fleurs, régnaient tout autour de la cour, des colonnes et sur la galerie vitrée; une forêt d'arbustes et une multitude de vases de fleurs mêlés à ces lumières, produisaient un effet ravissant. Dans le jardin les parterres étaient encadrés dans des files de lampions qui semblaient des plates-bandes de feu vues de la terrasse de la galerie d'Orléans; entre chacun des arbres du jardin, une guirlande de lampions était suspendue, et sur le bassin même, un rond, formé également de lampions placés à fleur d'eau, encadrait les conduits d'où elle s'élance; mais les dispositions ayant été mal combinées, la violence du jet d'eau a dérangé l'édifice pyrhi-aquatique, qui s'est écarté de toutes parts, et quelques lampions tout allumés voguèrent sur le bassin.

Dans l'intérieur des appartemens, les galeries du milieu étaient réservées pour la danse ; des buffets étaient couverts de rafraîchissemens tout le long de la galerie neuve, du côté du Théâtre-Français, et entre les orchestres disposés pour la danse; une partie de la musique militaire de la garnison, placée sur le côté de la terrasse qui regarde le jardin, faisait entendre différens morceaux dans l'intervalle des contre-danses.

Dès six heures du soir, l'entrée des cours avait été interdite au public; à sept heures, l'affluence des curieux était immense ; les rues étroites qui avoisinent le palais, étaient obstruées par des milliers de personnes avides de jouir d'un coup d'œil dont elles ne se faisaient qu'une faible idée, et qui, se poussant se heurtant sans cesse, semblaient un flux et reflux continuel. C'était, romantiquement parlant, *une mer de têtes.*

Cependant, le roulement des voitures se fait entendre, on se presse, on court, on se précipite, et si l'on n'assiste pas au repas, du moins on veut voir les convives.

Gare! gare! faites place. On se retire en arrière. La voiture s'arrête ; la portière est ouverte et le marche-pied baissé. Un personnage en descend fièrement, la main appuyée sur l'épaule d'un laquais; il se tient droit comme une pique; sa démarche a de la roideur, et il y a quelque chose de crâne dans la manière dont il porte la tête; son habit est chamarré, et une épée à brillante poignée pend à son côté d'une façon toute militaire. — Ah! c'est au moins un général, celui-là. — Eh, non, il n'a point d'épaulettes. — Il n'en a pas besoin pour venir au bal. — Je gage que c'est un ambassadeur; il a la tournure d'un allemand.— Sandis! vous vous trompez tous, Messieurs et Mesdames, c'est l'adonis de Bordeaux, celui dont l'ami se trouve à quelque pas de nous; voyez-vous là, en haillons. — Ah! ah! c'est M. de Pey...... — Précisément, Messieurs et Mesdames. — Ah! mon Dieu, voyez donc celui-ci, quel bel homme, il n'a pas l'air crâne, lui. — Oui, mais il n'a pas l'air non plus d'avoir inventé la poudre! Tenez, voyez comme il prend une basque de l'habit de l'autre, et se tient derrière, on dirait qu'il se guide sur lui. — C'est drôle, M. de Pey...... salue, et il salue; il sourit, et il sourit : c'est donc son secrétaire? — Non, Messieurs, c'est son seigneur suzerain; mais il est comme tous les maîtres qui ont l'esprit un peu obtus, qui prennent de l'effronterie pour du génie, et se laissent dominer par des hommes dont les fanfaronnades font tout le mérite. — Bien! nous entendons, c'est M. de Pol.....; et cet autre là-bas, il est fièrement grand, il n'a pas loin de six pieds. — Je le connais, c'est M. d'H....! un bien brave homme, ma foi! on dit qu'il veut remettre son portefeuille de la marine, pour se livrer à la culture de ses terres. — Tant mieux, il a l'air bon enfant, et je suis sûr qu'il fera ce qu'on appelle un bon fermier; mais c'est égal, il paraîtra tout de même joliment grand avec une blouse, surtout, si elle est blanche. — Il est certain que les corbeaux le verront de loin, et qu'il n'aura pas besoin d'épouvantails dans ses champs. — C'est vrai, c'est vrai, ils n'iront pas manger ses blés. — Vous voyez bien qu'il y a encore de l'avantage à être bel homme, ça sert toujours à quelque chose. — Tiens, et ce gros court, savez-vous son nom? — C'est M. de Mont.... — Et cet autre? — C'est M. de Chant...... — Voyez donc comme ils se regardent de travers tous les deux; on dirait qu'ils ne sont pas très-contens de se trouver face à face. — Dame! le second accuse le premier d'être tiède, et le premier accuse le second d'être trop chaud. — Je comprends, je comprends; gare au tiède, le chaud le brûlera. — Oh! il lui a déjà grillé une aile, et il tremble pour son autre. — Et celui-ci, qui a un air si dégagé? — C'est M. Cap.... — N'est-il pas un ancien comédien? — Oui : les comédiens crient parce qu'on plaisante sur sa première profession : les comédiens ont tort, on ne se moque pas de lui parce qu'il a été comédien, mais parce qu'il a honte de l'avoir été. — Cependant, c'est une profession aussi honorable qu'une autre, lorsqu'on l'exerce avec probité. — Sans doute, aussi ne devrait-il pas en rougir. — Est-il habile ministre? — Comme il était habile préfet; — Etait-il habile préfet? — Comme il était bon comédien; — Etait-il bon comédien? — Une croûte. — Ah! voyez donc tous ces grands seigneurs! en voici un qui est diablement gros; quel est-il? — C'est un député du centre, un véritable ventru, qui sent un bon repas à une lieue de loin; il a été l'ami de tous les ministres passés; il est l'ami de tous les ministres présens, il sera l'ami de tous les ministres futurs, c'est..... A cet instant neuf heures sonnèrent à l'horloge du palais, et un mouvement spontané imprimé à la foule, et cause par l'arrivée de S. M. Charles X, me sépara du groupe commentateur et m'empêcha d'entendre le nom de l'honorable député, ami de tous les ministères du monde.

S. M. fut reçue au bas du grand escalier, par LL. AA. RR. Monseigneur le duc, et madame la duchesse d'Orléans. LL. MM. Siciliennes, qui arrivèrent quelques instans après, furent reçues de la même manière. Sa Majesté Charles-Dix traversa les appartemens, dans lesquels étaient réunis un grand nombre de personnages peu accoutumés à se rencontrer. Par exemple, M. Dupin aîné et M. Benjamin-Constant se trouvaient près de MM. de Montbel et Guernon de Ranville; M. Casimir-Perrier resta pendant quelques instans entre MM. de Polignac et Sébastiani.

Les danses commencèrent presque immédiatement après l'arrivée du Roi, lorsque S. M. eût pris place sur un sofa placé au fond de la dernière pièce. Quelques instans après, le Roi, accompagné du roi et de la reine de Naples, traversa de nouveau les appartemens, et se rendit sur la galerie vitrée, dont S. M. fit le tour, non sans s'arrêter plusieurs fois, pour jouir de la beauté du coup d'œil. — *C'est vraiment un spectacle enchanteur,* dit le Roi en se tournant vers les illustres étrangers. A ces mots, il présenta la main à la reine de Naples; et, s'avançant avec elle jusqu'à la grille du balcon, il reprit : *Voilà une bien belle soirée! Messieurs,* dit encore S. M. aux députés qui se pressaient autour d'elle, *le vent est bon pour ma flotte d'Alger.* Lorsque le Roi fut rentré dans les appartemens, il adressa en particulier la parole à plusieurs personnes; et, reconnaissant quelques-uns des députés, il dit : *Il est bien juste,*

Messieurs, puisque vous partagez mes travaux, que je prenne part à vos plaisirs.

Plusieurs journaux ont annoncé que S. M. s'était retirée à onze heures; c'est une erreur. Il est vrai que le Roi avait l'intention de partir à cette heure; mais la beauté de la fête lui fit trouver le temps court, au point que quelqu'un ayant dit assez haut, il est minuit, Charles X s'écria : *déjà!* Ce ne fut que plus d'un quart d'heure après cette exclamation que S. M. partit.

Cependant les danses continuaient, non-seulement dans les cinq grands salons, mais encore dans presque toutes les pièces voisines. Mesdemoiselles d'Orléans, M. le duc de Chartres et M. le duc de Nemours, l'un en uniforme de colonel de hussards, l'autre en uniforme de colonel de chasseurs, figuraient dans les principaux quadrilles, et se faisaient remarquer par leur franche gaîté. S. A. R. la duchesse de Berry paraissait aussi fort satisfaite, et ne cessait de danser.

A une heure et demie, on ouvrit les appartemens du côté de la rue de Valois, et un spectacle enchanteur s'offrit à tous les yeux. Des tables couvertes d'or et de vermeil étaient dressées. Environ huit cents dames prirent place, et le souper fut servi. On remarqua que le duc de Nemours, à peine sorti de l'enfance, faisait les honneurs de l'une des principales tables avec l'aisance et la grâce d'un parfait cavalier. S. A. servit les dames, adressant à chacune d'elles quelques paroles agréables. Après les dames, les hommes se sont mis à table, puis le bal a repris de plus belle. En ce moment, les fleurs, les bougies, la musique, tout fut renouvelé comme par enchantement.

Bientôt le jour commença à paraître, mais la

danse n'en parut que plus animée.—*C'est une fête de famille,* dit la duchesse de Berry, *elle ne saurait durer trop long-temps, et je veux rester jusqu'à la fin.* En effet, le jour brillait depuis long-temps, S. A. dansait encore. A cinq heures, on dansa la galopade, qui fut conduite par M. d'Appony, fils de l'ambassadeur d'Autriche, qui se faisait autant remarquer par son amabilité que par le riche costume hongrois qu'il portait.

A cinq heures et demie, Madame, duchesse de Berry, se retira; mais une heure après on dansait encore dans plusieurs salons.

Sans doute, le plaisir que prenaient à la fête S. A. R. Madame, duchesse de Berry, et la plupart des illustres conviés, n'eût pas été aussi vif, le bal n'eût pas été prolongé jusqu'au jour, si, esclaves de la rigoureuse étiquette qui régnait autrefois dans ces sortes de réunions, il leur eût fallu n'agir, pour ainsi dire, que par compas et par mesure; mais grande est aujourd'hui la différence d'un bal de la cour avec ceux du siècle dernier. En effet, on ne rencontrait autrefois, dans des salons brillans d'or et de lumière, que des femmes dont les formes étaient étouffées sous de larges habits, et monstrueusement défigurées par d'énormes paniers; elles étaient roides et immobiles dans de grands corps qui les serraient, et dont les épaulettes permettaient à peine à leurs bras de se lever; leurs pieds étaient emprisonnés et brisés dans une chaussure étroite et pointue; leurs robes, dont les queues trainaient d'une aune sur le parquet, étaient d'une étoffe épaisse et lourde de broderies d'or; elles étaient juchées sur de hauts talons. Leur coiffure ressemblait à une tour élevée de plusieurs étages; des pierreries les surchargeaient; leurs oreilles étaient fatiguées par le poids des lourdes girandoles de diamans qui y bril-laient. Devant elles étaient des hommes en habits de velours et de soie à grands paremens brodés sur toutes les tailles ; ils portaient une écharpe, leurs cheveux étaient rabattus, et retombaient sur leurs épaules en grandes tresses. Dès que le son des instrumens se faisait entendre, les cavaliers mettaient le chapeau tricorne sur la tête, ils offraient la main aux dames, et tous ces grands mannequins parés, poudrés, attifés, se mettaient en mouvement, et faisaient tous leurs efforts pour danser avec dignité le grave et respectueux *menuet de la cour*, comme on le nomme dans les traités sur la danse.

Une danse rapide et légère, des mouvemens souples et gracieux, des costumes simples et de bon goût, des robes qui dessinent ou embellissent les formes, des coiffures élégantes, une aisance de bon ton, une dignité sans ridicule, des hommes parlant tour à tour politique, chambres, théâtre, adresse, budjet, ou conversant avec des dames gracieuses comme des femmes grecques, voilà ce qu'on remarquait dans la soirée donnée par S. A. R. monseigneur le duc d'Orléans, ce qu'on remarque dans tous les bals de la bonne société de notre époque.

Comme on le voit, la fête donnée en l'honneur de LL. MM. Siciliennes, et qui avait aussi pour but, nous a-t-on assuré, de célébrer les fiançailles de Mademoiselle duchesse de Beaujolais avec le fils du roi de Sicile, a été des plus brillantes. Les honneurs de cette fête ont été, sans contredit, pour la jeune duchesse, dont chacun admirait les grâces et l'affabilité, et rien n'eût manqué à la satisfaction de son auguste père, monseigneur le duc d'Orléans, si un incident, trop commun par malheur dans ces sortes de réjouissances, n'était venu attrister la cour de S. A. R.

Dès six ou sept heures du soir, on avait vu abonder, dans les jardins et les galeries du Palais, un grand nombre de filles publiques qui venaient se dédommager, par un moment de liberté pris à la dérobée, de la réclusion forcée à laquelle les a condamnées M. le préfet : elles étaient accompagnées de leurs souteneurs, parmi lesquels nous avons distingué quelques individus que l'on peut voir journellement dans la Cour-des-Fontaines, où ils font profession d'exploiter la crédulité publique. Nous ne prêterons pas à ces honnêtes personnes une intention que peut-être elles n'avaient pas, en disant qu'elles n'étaient pas tout-à-fait étrangères à la disparition d'une grande quantité de châles, de montres, de chaînes, et autres objets de première nécessité, dont une foule de curieux et de jolies curieuses se sont vus débarrassés à l'improviste*; mais nous dirons qu'elles ont participé et aidé à l'émeute qui s'est manifestée vers dix heures et demie, dans les jardins, avec l'intention d'inquiéter les conviés à la fête et leurs nobles hôtes; intention qui n'a pu être conçue et mise à exécution, nous le disons franchement, que par la plus *vile canaille*. En effet, quel nom donner à des gens qui méconnaissaient la bonté d'un prince qui, voulant faire jouir tout un peuple de la vue du tableau magique qu'offrait l'intérieur de son palais, avait ordonné que les jardins en resteraient ouverts toute la nuit au public. S. A. R. n'avait même pas voulu que les yeux des citoyens aperçussent le reflet d'aucune baïonnette dans cette illumination générale : quelques inspecteurs seulement étaient mêlés parmi la foule, et ce ne fut que lorsque des énergumènes, se saisissant des chaises

* Pour prévenir ces accidens voy. l'ouvrage annoncé au revers du titre.

qu'ils purent trouver dans le jardin, les brisèrent, en firent voler d'abord les débris de toutes parts, les rassemblèrent ensuite, et en firent un bûcher auquel ils mirent le feu, au pied de la statue de bronze placée non loin du bassin, que l'on jugea qu'il était temps de faire intervenir la force armée pour rétablir le calme. A cet effet, quelques gendarmes seulement furent appelés dans le jardin, par les inspecteurs, pour chasser les perturbateurs du carré dans lequel ils avaient placé le feu ; des pompiers furent appelés en même temps : leur présence fut jugée d'autant plus nécessaire, que les malveillans s'efforçaient d'insinuer à la foule que le feu venait de se manifester dans la rue Vivienne et autres lieux avoisinant le palais : ce fut avec la pompe même qui sert ordinairement à arroser le carré, que l'on parvint tout à la fois à éteindre le feu et à forcer les malveillans à se retirer ; mais le nombre des gendarmes appelés fut insuffisant pour en imposer à ces misérables ; et, dans la lutte qu'ils engagèrent avec eux, un gendarme fut terrassé, on lui brisa son sabre, et il fut tellement maltraité, qu'il était sans connaissance quand ses camarades l'emportèrent. On peut dire toutefois que, si le but des malveillans avait été de jeter le trouble et l'effroi dans la société réunie dans les appartemens, soit par leurs cris, soit par la réverbération du feu qu'ils avaient allumé, ce but fut totalement manqué ; car S. A. R. se contenta de donner l'ordre, à l'inspecteur qui vint la prévenir des scènes qui se passaient au dehors, après que le feu avait *été éteint*, de demander un piquet de gendarmes, et de faire évacuer les jardins, ce qui eut lieu immédiatement.

Soixante à quatre-vingts hommes, tant gendarmes que gardes royaux, parurent, ayant la baïonnette au bout du fusil; injonction leur fut faite, par leurs chefs, de *balayer tout le monde* : ce fut alors un tumulte sans pareil. Les cris de vive la garde royale! à bas les gendarmes! se firent entendre, et la force armée fut obligée de disputer pied à pied le terrain aux perturbateurs; car, pour les personnes tranquilles, elles ne demandèrent pas mieux que de se retirer. Les femmes, les enfans criaient dans la foule (on nous a même assuré que huit de ces derniers y avaient été étouffés); mais, nonobstant haro et clameurs, les gendarmes restèrent maîtres du champ de bataille. Dès qu'il n'y eût plus personne dans le jardin, les grilles en furent fermées.

Vingt-huit individus furent arrêtés dans ce moment, et conduits quelques instans après, sous bonne escorte, à la préfecture de police. Dans la soirée, quelques filous avaient déjà été mis en arrestation; l'un deux eut l'impudence de dire au gendarme qui le conduisait : « Si vous m'aviez demandé cent francs, j'aurais préféré vous les donner, plutôt que de me voir arrêté, j'aurais encore eu du bénéfice (1).

On a fait cent conjectures sur l'incident de l'incendie; beaucoup de personnes lui ont donnée un motif politique; on a même été jusqu'à le qualifier de *conspiration*; on a parlé de gens arrêtés et porteurs de pistolets, de poignards, etc.; nous n'avons pu encore nous procurer de notions certaines sur ces *on dit*. Mais, en

---

(1) A cinq heures du matin, un individu d'un certain âge et très-mal vêtu, fut rencontré dans les appartemens par un inspecteur de service : sur la demande qui lui fut faite, comment et pourquoi il s'était introduit dans un endroit où il n'avait que faire, il répondit que pour dire comment il était venu jusque-là, il faudrait qu'il le sût lui-même; que la curiosité l'avait fait s'aventurer dans les corridors du palais, mais que le hasard seul l'avait conduit dans les appartemens. On le mit dehors sans plus amples informations.

cela, comme en toutes les occasions semblables, nous présumons qu'il y a eu exagération. Un individu, porteur d'armes, il est vrai, a été mis en arrestation, non à cause des armes dont il était muni, puisqu'elles appartiennent à sa profession, mais parce qu'il s'était révolté contre les gendarmes, en refusant de se retirer aussitôt que la signification lui en avait été faite : il est cuisinier au Grand-Vainqueur, et revenait de la Courtille, ayant encore ses deux couteaux de cuisine, munis de leur gaînes, suspendus à sa ceinture.

Nous pensons donc que les tribunaux n'auront à statuer sur aucun délit politique dans cette affaire ; car, s'il en était ainsi, qui sait à quelle source il faudrait aller puiser la vérité des faits.

Quoi qu'il en soit, les magistrats ne sauraient se dispenser de punir sévèrement la méchanceté des individus qui ont été la première cause du tumulte et des dégâts occasionés dans les jardins du prince le plus populaire de notre époque, et qui méritait moins que personne un pareil trait de noirceur (1).

Nous apprenons à l'instant même, que vingt-quatre des individus arrêtés le 31 mai au soir, ont été remis en liberté dans la journée du 3 juin, soit par suite de réclamations de leurs parens et connaissances, soit par tout autre motif. Nous ne saurions approuver tant d'indulgence ; et pourtant, tout en recommandant d'user de sévérité, nous souhaitons sincèrement que l'innocent ne paie pas pour le coupable, comme cela n'arrive que trop souvent.

FIN.

---

(1) On évalue le nombre des chaises, tant brûlées que brisées et emportées, à cinq cents ; le piédestal qui supporte la statue a été considérablement endommagé, et deux réverbères de gaz ont été brisés.

Imp. de POUSSIN, rue de la Tabletterie, n. 9.

www.ingramcontent.com/pod-product-compliance
Lightning Source LLC
Chambersburg PA
CBHW061627040426
42450CB00010B/2707